Farben für faire Chancen

Feminismus kreativ erklärt

Laura Lülsdorff-Euler

lauras_bunte_buchwelt

Dieses Ausmalbuch liegt mir sehr am Herzen.

Ich habe in meinem eigenen Leben erlebt, wie viele Vorurteile und Missverständnisse es rund um das Thema Feminismus gibt – auf allen Seiten. Es geht nicht darum, dass alle Frauen dasselbe tun sollen. Nicht darum, dass Mädchen „Karriere machen müssen". Und auch nicht darum, dass Frauen „mehr" oder „besser" sein sollen als Männer. Feminismus bedeutet: die Freiheit zu haben, selbst zu wählen. Und dabei gleich viel wert zu sein.

Ich bin Mutter von zwei Kindern – und ich wünsche mir für sie (und für dich), dass sie in einer Welt aufwachsen, in der sie nicht in Rollen gedrängt werden, in der Vielfalt ganz normal ist und in der Respekt, Fairness und Selbstbestimmung für alle gelten.

Mit diesem Buch möchte ich einen kleinen Beitrag leisten: Missverständnisse aufräumen. Vorurteile abbauen. Und die nächste Generation stark machen. Ich hoffe, du findest beim Ausmalen nicht nur Freude – sondern auch ein paar neue Gedanken.

Denn du bist klug. Und stark. Und wichtig.

Deine Laura

Verlag:

BoD · Books on Demand GmbH, Überseering 33, 22297 Hamburg, bod@bod.de

Druck:

Libri Plureos GmbH, Friedensallee 273, 22763 Hamburg

1. Auflage
2025

ISBN: 978-3-8192-3043-1

Was ist Feminismus eigentlich?

Feminismus bedeutet, dass alle Menschen den gleichen Wert haben – unabhängig davon, ob sie sich als Mädchen, Junge, nicht-binär oder anders identifizieren. Es geht darum, dass niemand wegen seines Geschlechts benachteiligt oder bevorzugt wird. Feminismus will nicht, dass Frauen besser gestellt sind als Männer. Es geht auch nicht darum, jemanden auszuschließen. Vielmehr geht es darum, dass alle Geschlechter sich auf Augenhöhe begegnen – mit Respekt, Fairness und gleichen Rechten.

Alle sollen die gleichen Chancen haben: in der Schule, im Beruf, in der Familie und im gesamten gesellschaftlichen Leben. Niemand soll durch Rollenbilder oder Vorurteile eingeschränkt werden. Feminismus setzt sich also für Gerechtigkeit ein – für eine Welt, in der jede*r frei und selbstbestimmt leben kann.

Warum gibt es Feminismus überhaupt?

Feminismus ist entstanden, weil Frauen früher viele grundlegende Rechte verwehrt wurden – Rechte, die für Männer ganz selbstverständlich waren. Lange Zeit durften Frauen in vielen Ländern nicht wählen, keinen Beruf erlernen, kein eigenes Geld verdienen oder über ihr Leben selbst bestimmen. Sie mussten oft das tun, was andere – meist Männer – für sie entschieden hatten. Ihre Meinung zählte nicht, und ihre Träume wurden häufig nicht ernst genommen. Viele Frauen – und auch Männer – fanden das ungerecht. Sie begannen, sich zu wehren, Fragen zu stellen und laut zu sagen: „Das ist nicht fair!" Sie forderten Gleichberechtigung, Mitbestimmung und die Freiheit, ihr Leben selbst zu gestalten.
So entstand der Feminismus: als Bewegung für Gerechtigkeit, für gleiche Rechte und für eine Gesellschaft, in der alle Menschen – unabhängig vom Geschlecht – auf Augenhöhe leben können.

BANK

WAHL

Du hast die Wahl!

Ob du Chirurgin, Schreinerin, Floristin, Mutter – oder alles zusammen sein möchtest: Du darfst es selbst entscheiden. Niemand hat das Recht, dir vorzuschreiben, was du werden sollst. Es ist dein Leben – und deine Wahl.

Mutter zu sein ist wundervoll und wichtig – genauso wie Feuerwehrfrau, Künstlerin oder Ingenieurin zu sein.

Jeder Weg ist wertvoll. Was zählt, ist, dass du deinen eigenen findest und ihn mit Stolz gehst.

Feminismus bedeutet auch: Du darfst du selbst sein – mit all deinen Träumen, Talenten und Entscheidungen.

Vorurteile gegen Frauen – nie ist es „richtig" genug?

Viele Menschen haben starke Meinungen darüber, wie Frauen leben sollten – und oft widersprechen sich diese Erwartungen.

Wenn eine Frau keine Kinder hat, heißt es: „Warum nicht?"

Wenn sie Mutter ist und arbeitet: „Warum ist sie nicht bei den Kindern?"

Wenn sie alleinerziehend ist: „Das ist bestimmt nicht gut fürs Kind."

Und wenn sie zu Hause bleibt: „Warum macht sie keine Karriere?"

Egal, was eine Frau tut – irgendjemand findet immer etwas daran auszusetzen.
Ganz schön unfair, oder?

Feminismus setzt sich dafür ein, dass jede Frau selbst entscheiden darf, wie sie leben möchte – ohne sich rechtfertigen zu müssen. Denn es gibt nicht den einen „richtigen" Weg. Es gibt nur deinen eigenen.

Missverständnisse rund um Feminismus

Nicht gegen Männer – sondern für Gleichberechtigung

Manche glauben, Feministinnen mögen keine Männer.

Das stimmt nicht!

Feminismus bedeutet nicht, dass Mädchen oder Frauen „besser" sein sollen. Es geht auch nicht darum, Männer zu kritisieren oder auszuschließen. Feminismus heißt: Gleichberechtigung für alle. Für Mädchen, die mutig und laut sein wollen.

Für Jungen, die sensibel sind und keine Lust auf „stark sein" haben. Für Männer, die gerne Papa sind und sich um ihre Kinder kümmern. Für alle, die frei leben wollen – ohne in eine Schublade gesteckt zu werden.

Feminismus ist für Menschen. Punkt.

Missverständnisse rund um Feminismus

Du MUSST Karriere machen?

Manche denken heute: Wenn du ein modernes Mädchen bist, musst du Karriere machen. Viel arbeiten. Chef*in sein. Geld verdienen.

Aber auch das ist ein Missverständnis! Feminismus bedeutet nicht, dass du Businessfrau sein musst. Es bedeutet, dass du frei bist, deinen eigenen Weg zu wählen. Wenn du gerne Hausfrau bist, für deine Kinder da sein willst, kochst, putzt und dich um andere kümmerst – dann ist das genauso wertvoll.

Wichtig ist nur eins: Dass du selbst entscheidest – und nicht andere für dich.

Feminismus heißt: Du bist stark, egal welchen Weg du gehst. Ob mit Aktenkoffer oder mit Kochlöffel – Hauptsache, es ist deine Wahl.

Doppelt unfair?
Wenn Frauen wegen Hautfarbe, Herkunft oder Religion benachteiligt werden

Manche Frauen erleben nicht nur Benachteiligung, weil sie Frauen sind – sondern auch, weil sie eine andere Hautfarbe haben, ein Kopftuch tragen, aus einem anderen Land kommen oder einen anderen Glauben haben.

Das nennt man Diskriminierung – und sie ist niemals in Ordnung.

Ein Mädchen mit dunkler Haut oder mit Kopftuch kann genauso mutig, klug und stark sein wie jedes andere. Aber oft müssen sie doppelt so viel kämpfen, um gehört, gesehen und ernst genommen zu werden.

Feminismus bedeutet auch:
Für alle einzustehen, die mehrfach benachteiligt werden – und dafür zu sorgen, dass wirklich alle die gleichen Chancen haben.

SAI

Frauenbewegung –
damals, heute und immer noch wichtig

Um 1900 –
Die ersten Stimmen werden laut

Frauen durften nicht wählen, nicht studieren, kaum arbeiten.

Doch viele sagten: „Das ist unfair!"

Sie gingen auf die Straße, gründeten Vereine, schrieben Zeitungen.

Sie wollten: Bildung, Mitbestimmung, das Wahlrecht. 1918 durften Frauen in Deutschland zum ersten Mal wählen. Ein großer Schritt!

GLEICHE
RECHTE!

1970er –
Gleichberechtigung wird laut

In den 70ern sagten viele Frauen:

„Gleiches Recht ist nicht genug, wir wollen gleiche Chancen!"

Sie kämpften für das Recht auf Arbeit, gegen das Rollenbild „Hausfrau", für Selbstbestimmung über den eigenen Körper.

Es ging um Scheidungsrecht, Abtreibung, Kinderbetreuung – und um Respekt.

EQUALITY
WOMEN'S
LIBERATION

Heute – Feminismus ist bunt und vielfältig

⬤Gerechte Bezahlung
Viele Frauen und Menschen aus bestimmten Gruppen bekommen für die gleiche Arbeit weniger Geld als Männer. Das ist unfair! Feminismus sagt: Alle sollen für ihre Arbeit gleich viel verdienen.

🛡 Schutz vor Gewalt
Manche Menschen erleben Gewalt, nur weil sie Frauen sind oder weil sie anders leben oder lieben. Das ist nicht richtig. Feminismus will, dass alle sicher leben können – zu Hause, in der Schule und im Internet.

📣 Gesehen und gehört werden
In Filmen, Nachrichten oder in der Politik sieht man oft nur bestimmte Menschen. Aber alle sollen mitreden dürfen! Feminismus will, dass auch Menschen mit verschiedenen Hintergründen sichtbar sind.

🌍 Vielfalt ist wichtig
Feminismus sieht heute ganz viele verschiedene Menschen: Menschen aus verschiedenen Ländern, mit verschiedenen Sprachen, Hautfarben oder Lebensweisen. Alle gehören dazu. Und alle sollen mitbestimmen dürfen.

EQUAL
RIGHTS
WOMEN'S
RIGHTS

Unsichtbare Arbeit – ist trotzdem Arbeit!

Viele Menschen arbeiten zu Hause:
Sie kochen, putzen, kaufen ein, waschen Wäsche, kümmern sich um kleine Kinder oder pflegen Angehörige.

Diese Arbeit nennt man Hausarbeit – und sie ist unverzichtbar für unser Zusammenleben.

Oft übernehmen Frauen den Großteil dieser Aufgaben.

Sie bekommen dafür kein Geld und oft zu wenig Anerkennung.

Feminismus sagt: Diese Arbeit zählt!
Sie ist genauso wichtig wie bezahlte Arbeit – und sie soll gerecht verteilt werden.
Alle sollen mithelfen: In der Familie, in der WG, in der Partnerschaft, im Alltag.

Denn Care-Arbeit ist Teamarbeit.

Grenzen setzen ist dein Recht.

Du darfst „Nein!" sagen – laut und deutlich.

Wenn jemand dich umarmen, anfassen oder dir zu nahe kommen will – und du willst das nicht – dann sag: „Nein!"
Du musst dich nicht erklären. Du musst niemandem gefallen.

Dein Körper gehört nur dir.

Niemand – wirklich niemand – hat das Recht, dich zu berühren oder etwas mit dir zu machen, das du nicht willst.

Feminismus bedeutet:
Du hast das Recht, deine Grenzen zu setzen.

Und andere haben die Pflicht, sie zu respektieren. Sag Nein, wenn du Nein meinst. Denn du allein entscheidest über deinen Körper. Immer.

NO!

**Ein Mann darf weinen.
Ein Mann darf fühlen.
Ein Mann ist ein Mensch.**

Wenn Jungen lernen dürfen, ihre Gefühle zu zeigen, wenn sie nicht hören müssen: *„Sei stark!"* oder *„Reiß dich zusammen!"*, dann wachsen Männer heran, die lieben können – ihre Kinder, ihre Partner*innen, sich selbst.

Feminismus bedeutet auch:
Jungen und Männer von engen Rollenbildern zu befreien. Damit sie ganz sie selbst sein dürfen – mit Herz, mit Tränen, mit Stärke.

Wahre Stärke beginnt innen.
Erst wenn ein Mensch im Einklang mit seiner Gefühlswelt lebt, wenn er seine Ängste kennt, seine Tränen zulässt, seine Freude teilt – dann entsteht ein Fundament, das trägt.
Innere Stärke wächst nicht aus Härte, sondern aus Ehrlichkeit mit sich selbst.

Wer fühlt, ist nicht schwach.
Wer fühlt, ist mutig.

Die Periode ist nichts Ekliges.

Viele Mädchen bekommen irgendwann ihre Periode – das heißt, sie bluten aus der Scheide.

Das ist **ganz natürlich**. Es zeigt, dass der Körper gesund ist und funktioniert. Trotzdem sagen manche: „**Das ist peinlich**" oder „**eklig**" – aber das stimmt nicht. Das ist ein Vorurteil.

Die Periode ist **kein Geheimnis**. Du darfst darüber sprechen. Du darfst dich wohlfühlen. Du darfst dich versorgen, ohne dich zu verstecken.

Feminismus bedeutet auch: Schluss mit Scham. Schluss mit Schweigen. Denn was natürlich ist, darf auch sichtbar sein.

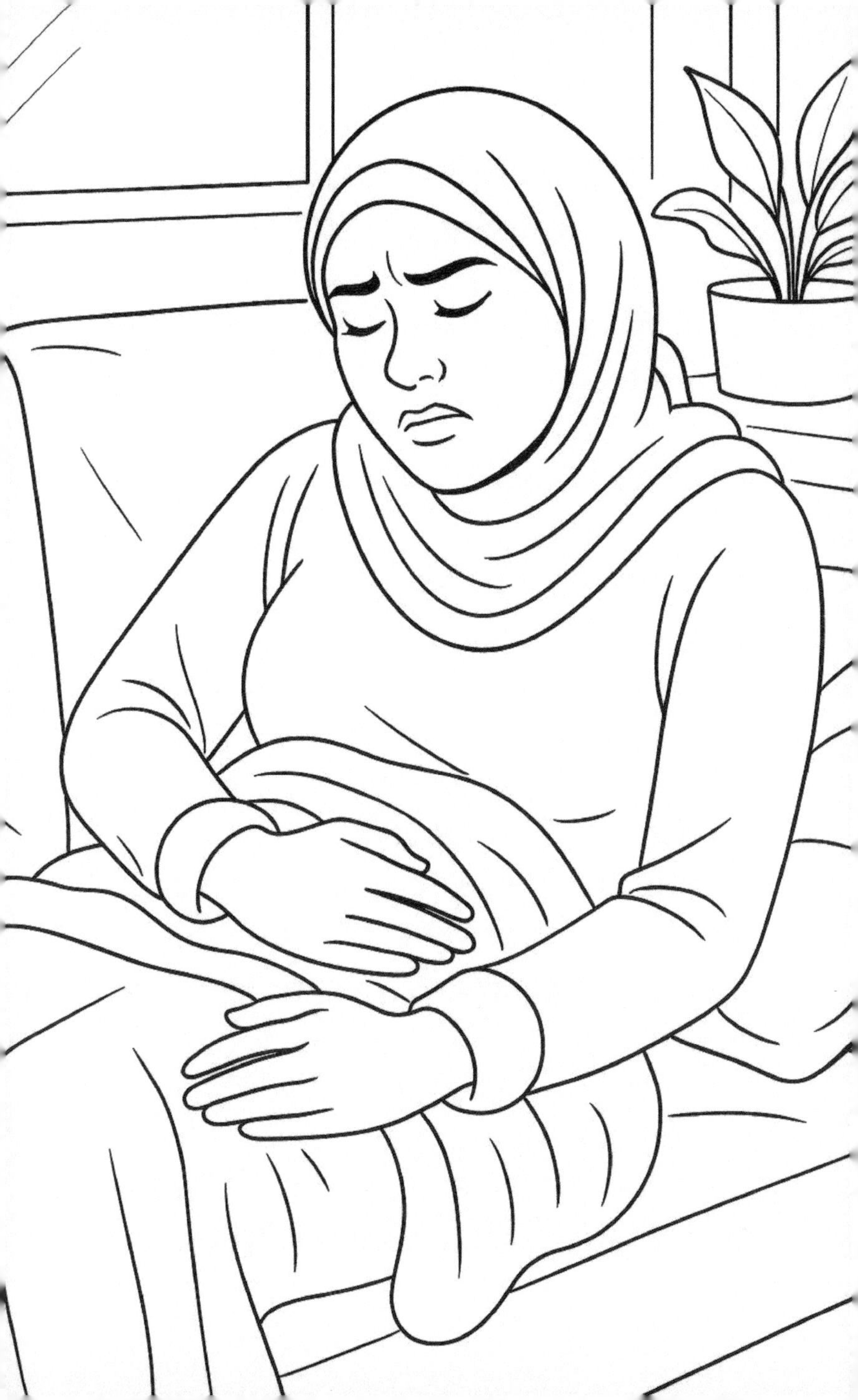

Körper sind verschieden –
und das ist gut so!

Viele sagen, ein Körper soll dünn, hübsch, perfekt sein.

Aber was ist eigentlich „perfekt"?

Jeder Körper ist anders.

Jede Frau, jedes Mädchen sieht anders aus – und genau das ist richtig so.

Feminismus bedeutet auch:
Niemand hat das Recht, deinen Körper zu bewerten. Nicht wegen deiner Haut, deiner Haare, deiner Figur oder deiner Kleidung.

Du bist stark, klug und wunderbar – nicht weil du einem Schönheitsideal entsprichst, sondern weil du DU bist.

Frei lieben – frei leben.

Dank des Feminismus dürfen wir heute selbst entscheiden, wen wir heiraten – oder ob wir überhaupt heiraten wollen.

Früher mussten viele Frauen den Mann heiraten, den andere für sie ausgesucht hatten. Sich scheiden zu lassen war schwer – und oft mit Scham verbunden.

Heute gilt:
Du darfst lieben, wen du willst.
Du darfst „Ja" sagen – und auch „Nein".
Und wenn eine Beziehung nicht mehr gut für dich ist, darfst du gehen.

Feminismus bedeutet:
Freiheit in der Liebe.
Freiheit im Leben.
Freiheit, du selbst zu sein.

STANDESAMT

Vorurteile gegen Feminismus – was stimmt wirklich?

Feminismus wird oft missverstanden. Viele Menschen haben Vorurteile – doch was steckt wirklich dahinter?

● „Feministinnen hassen Männer.“

✕ **Falsch**. Feminismus richtet sich nicht gegen Männer, sondern gegen Ungleichheit. Viele Männer sind selbst Feministen – weil sie an Gerechtigkeit glauben.

● „Feminismus ist nicht mehr nötig.“

✕ **Leider doch**. Frauen verdienen im Durchschnitt noch immer weniger, übernehmen mehr unbezahlte Arbeit und sind seltener in Führungspositionen. Auch Gewalt gegen Frauen ist ein großes Thema.

● „Feminismus will Frauen bevorzugen.“

✕ **Nein**. Es geht nicht um Bevorzugung, sondern um Chancengleichheit. Alle sollen die gleichen Möglichkeiten haben – unabhängig vom Geschlecht.

● „Feminismus ist nur was für Frauen.“

✕ **Auch falsch**. Feminismus setzt sich für alle ein – auch für Männer, die unter starren Rollenbildern leiden, und für Menschen, die sich nicht in klassische Geschlechterrollen einordnen.
Feminismus bedeutet: Gleichberechtigung, Respekt und Freiheit für alle.

Nicht mehr – aber auch nicht weniger.

FARBEN
FÜR FAIRE
CHANCEN
FEMINISMUS
KREATIV
ERKLÄRT